AF360104

JOSEPH BATIER

Instituteur à Villemoirieu

UNE
COMMUNE RURALE

sous la

RÉVOLUTION

et le

PREMIER EMPIRE

VILLEMOIRIEU

" Angulus ridet "

CRÉMIEU

Imprimerie et Papeterie J. GRIVOZ Jeune

1923

8° Lk
45696

J OSEPH BATIER

Instituteur à Villemoirieu

UNE COMMUNE RURALE

SOUS LA RÉVOLUTION
ET LE PREMIER EMPIRE

VILLEMOIRIEU

" Angulus ridet "

CRÉMIEU

Imprimerie et Papeterie J. GRIVOZ Jeune

1923

LES
PREMIERS PAS DANS LA LIBERTÉ

Le 25 Février 1790, ensuite du décret du 14 Décembre 1789 de l'assemblée nationale, les citoyens actifs de la communauté de Moirieu, réunis dans la grande salle du château de Bienassis, nommaient leurs futurs administrateurs. Un maire, deux officiers municipaux, un procureur, cinq notables ; telle était la composition, prévue par ledit décret, du « *Conseil général de la commune,* » toutes personnes de plus de bonne volonté que de réel pouvoir et qui devaient trouver, dès l'abord, dans l'accomplissement de leur tâche, un sérieux obstacle : le manque d'argent le plus complet.

Les caisses municipales, à l'exemple de celles de l'État, sont vides. A Moirieu, les consuls qui ont régi et perçu les revenus de la communauté durant la période antérieure, sont conviés, en vain, « *au contrôle de leurs recettes et dépenses depuis dix années,* » sans doute n'ont-ils à présenter que des rôles embrouillés où la différence recettes-dépenses s'égalise à zéro !

Comme pour ajouter aux difficultés des nouveaux édiles, le principal employé communal, Pierre Latreille, ancien greffier, démissionne ; et il faudra le sommer plusieurs fois avant qu'il se décide à remettre, entre les mains de son successeur, Jean-Claude Laloge, les papiers intéressant la communauté.

Pas de local public pour abriter les délibérations ; les premières réunions ont lieu dans la maison de Benoît Cochet, maire. On s'assemble pour exprimer des desiderata ou élever des protestations. C'est ainsi que, le 5 Mars 1790, les citoyens du conseil général s'étonnent et réclament parce que Crémieu n'est pas capitale de district ou, tout au moins, « *siège d'un tribunal de justice, à qui la destruction des couvents renfermés dans cette ville procurerait, à peu de frais, le plus agréable emplacement* » ; d'autant plus que, pour se rendre à La Tour-du-Pin, « *il faut traverser, soit des montagnes, soit des marais souvent impraticables.* » On doit se rappeler, en effet, que les marécages occupant le triangle Bourgoin, Morestel, La Tour-du-Pin, ne commenceront à être desséchés qu'un demi-siècle plus tard ; et nous avons, dans l'expression de ce vœu, une preuve de plus à l'appui des écrits dénonçant la difficulté des communications en France à la fin de l'ancien Régime.

Exprimer des vœux, c'est, pour longtemps encore, le seul objet des réunions municipales ; l'absence de numéraire paralyse tout. Pour un peu empêcherait-elle les élus d'un suffrage presque universel de satisfaire, en même temps qu'aux ordres de l'Assemblée nationale, à leur désir de décorum ! Le décret du 14 décembre 1789 prévoit, en effet, l'achat aux frais de la communauté, de quatre écharpes tricolores : une pour chacun des principaux personnages du Conseil général : le maire, les officiers municipaux, le procureur de la commune, « *et comme la communauté est en ce moment dépourvue d'argent pour faire ledit achat, les dits assemblés ont délibéré qu'ils feront un emprunt de cent livres, laquelle somme, nous, dits officiers municipaux et notables, en passeront promesse aux prêteurs.* »

Continuant une tradition très ancienne, le maire a soin de faire proclamer chaque année, à l'époque voulue, le « bon de vendanges » qui fixe, pour chaque portion distincte de la commune plantée en vignes, et suivant le degré de maturité, la date à laquelle les propriétaires devront effectuer la cueillette. Cette coutume, née sans doute à l'époque où un seul pressoir, le pressoir banal, assurant le service pour un grand nombre de récoltants, il importait que chacun eût sa date bien fixée de pressailles et par conséquent de vendanges, s'est continuée en France jusqu'en l'année 1870. On invoquait alors la nécessité de répartir, sur un ensemble de vignes, les dégâts commis par les oiseaux, plus nombreux autrefois qu'à notre époque de chasse à outrance. Qu'une vigne soit vendangée avant l'époque fixée, les récoltes voisines sont mises, par les pillards ailés, à plus forte contribution ; et, dans ce cas, l'on voit des propriétaires se plaindre d'être obligés de faire garder leurs vignes.

Abordant des sujets plus graves, la municipalité de Moirieu va être activement mêlée, en cette fin d'année 1790 et au début de l'année 1791, à ce grand drame de conscience : la prestation par les prêtres, du serment d'obéissance à la constitution civile du clergé.

Le 19 Décembre 1790, le directoire du district de La Tour-du-Pin s'émeut d'une circulaire adressée par l'évêque de Vienne aux curés de son diocèse ; il recommande aux municipalités placées sous sa juridiction *« d'employer tous moyens légitimes pour arrêter la distribution de la brochure intitulée « avertissement de Monseigneur l'Archevêque de Vienne au clergé régulier, « séculier et aux fidèles de son diocèse. »* Là-dessus, les officiers municipaux de la communauté de Villemoirieu se transportent chez Monsieur Delaloy curé et lui réclament la brochure incriminée. Monsieur le curé leur répond que la circulaire n'est pas entre ses mains, pour l'instant, mais qu'il la remettra au procureur syndic de La Tour-du-Pin lors de sa venue à Crémieu.

C'est le 28 Janvier 1791 que sur le registre des délibérations du Conseil général de la commune, Monsieur Delaloy, curé de Ville-Moirieu et Bethenoud, écrit et signe de sa main les lignes suivantes : « *Je déclare que je prêterai le serment prescrit par le décret du 27 Novembre dernier et que je me suis concerté pour le jour avec le maire et les officiers municipaux : à scavoir dimanche prochain 30 janvier.*

Le 28 du dit mois 1791.

Delaloy, curé de Ville et Bethenoud. »

Monsieur Augustin Sicard, dans un article intitulé " Un drame de conscience sous la Révolution " et publié dans la Revue des Deux-Mondes du 15 août 1922, a longuement analysé les textes de serments prêtés à cette époque en diverses régions de France. Il a fort bien mis à jour, à travers les protestations de fidélité religieuse et les réticences diverses ajoutées à la formule du serment, la crise presque toujours douloureuse subie par les consciences sacerdotales placées dans la triste alternative ou de désobéir à leurs chefs hiérarchiques ou de paraître opposées à un gouvernement que beaucoup d'entre elles ont accepté avec joie. Prêter le serment, c'est la misère morale d'un continuel doute angoissant ; refuser d'obéir à la loi, c'est, à brève échéance, la misère matérielle et physique, le dénûment et la persécution.

A lire le texte du serment prêté le 30 Janvier 1791, à l'issue de la messe paroissiale, par Monsieur Delaloy curé de Ville et Bethenoud, bien osé qui pourrait dire si la belle assurance dont il fait preuve est ancrée dans son esprit et dans son cœur où si ses protestations réitérées de fidélité religieuse ne sont que pour calmer sa conscience aux abois. Voici la déclaration qui vaut d'être citée en entier : « *Convaincu en mon âme et conscience que la Constitution civile du clergé ne porte aucune atteinte à la juridiction spirituelle souveraine et indépen-*

dante que Jésus-Christ a laissée à son église : qu'elle n'attaque aucun dogme de la religion catholique apostolique et romaine dont la foy est indivisible et pour laquelle je verserai jusqu'à la dernière goutte de mon sang ; persuadé au contraire que cette constitution en ramenant le clergé de France à l'ancienne discipline, le rappelle aux mœurs pures et simples des beaux jours de l'Église naissante ; vous devant, comme pasteur, un exemple public de ma soumission aux lois ; empressé comme citoyen de remplir mon devoir de patriotisme je jure de veiller avec soin sur les fidèles de la paroisse qui m'est confiée, d'être fidèle à la nation, à la loy et au Roy, de maintenir de tout mon pouvoir la constitution française décrétée par l'Assemblée nationale et acceptée par le Roy et notamment les décrets relatifs à la constitution civile du clergé.

DELALOY, curé de Ville et Bethenoud. »

La municipalité est également représentée à la vente des biens nationaux, en la personne de deux commissaires nommés par elle. Ici, on nous permettra d'ouvrir une parenthèse au sujet de cette fameuse confiscation de biens opérée dès le début de la Révolution. On en a parlé de nouveau, récemment, à propos des affaires russes ; je me rappelle avoir vu comparer, dans certain bulletin syndical, l'opération accomplie chez nous en 1790, aux confiscations en masse effectuées dans la Russie des Soviets. De plus, en mai 1922, dans un discours prononcé à la Chambre des Communes, Monsieur D. Lloyd George n'hésitait pas à proclamer : « la Révolution française a été accompagnée de la confiscation de toutes les terres, » en même temps qu'il faisait la naissance de la petite propriété rurale en France, contemporaine de la Révolution. Des voix autorisées et notamment celle de Monsieur le vicomte d'Avenel se sont chargées de répondre, par la voie de la presse, aux assertions erronées du Premier anglais ; mais on ne saurait trop s'attacher à détruire la légende qui menace de s'implanter, grâce à la complicité, inconsciente peut-être, de certains organes. Les confiscations opérées en 1790 portent sur une infime partie de notre territoire ; beaucoup de nobles conservèrent leurs biens ; certains même, traversèrent, sans aucun avatar, toute la période révolutionnaire ; seules les possessions des émigrés et des communautés religieuses furent vendues au profit de l'État. Les principaux bénéficiaires de la liquidation furent des bourgeois, des commerçants enrichis et non des paysans. La petite propriété rurale n'est pas née de la sorte ; elle existait en France bien avant la révolution.

A Villemoirieu, l'adjudication comprend : le château de Ville et ses dépendances, domaine des « cy devant religieuses Ursulines de Crémieu » ; le château de Montiracle et ses dépendances appartenant « au cy-devant ordre de Malthe. » [1] Plus tard, la vente englobera le domaine de la châtelaine de Bethenoud, seule émigrée signalée sur le territoire de la communauté.

La mise aux enchères des biens nationaux donne à la commune l'espoir de voir enfin combler le vide désespérant de sa caisse, puisque le décret de l'Assemblée nationale, réglant le sort de ces biens, promet aux municipalités un seizième du produit de leur vente. Les créanciers se font de plus en plus pressants : Joseph Cochet réclame avec insistance les 90 livres qui lui sont dûes à titre d'indemnité pour « *les 15 journées dépensées les 24 août, 23 novembre et 21 décembre 1788 où il fut député à Vienne et à Bourgoin par délibération de la communauté d'alors.* » Quant aux 160 livres promises au

---

(1) Une carte postale vendue à Crémieu, porte " Château de Montiracle, domaine des *Templiers* de Malte." Le terme " templiers " appliqué à l'ordre de Malte est impropre. Les Templiers et les Chevaliers de Malte forment deux ordres bien différents. Le premier est aboli dès le début du XIVe siècle, le second dure jusqu'en 1789.

greffier municipal pour son traitement annuel, elles seront peut-être trouvées « *dans les fonds de rôle dûs par les consuls anciens qui doivent rendre incessamment leurs comptes.* »

Ces difficultés d'ordre pécuniaire sont alors générales en France ; les impôts ne rentrent nulle part. A Moirieu, par exemple, les premiers répartiteurs nommés pour établir le rôle de la contribution foncière, refusent de se mettre à l'œuvre ; la municipalité est obligée d'ouvrir un registre où les imposés, désireux de s'acquitter de ce qu'ils croient être leur contribution pour 1790, s'inscrivent pour la somme afférente à cette contribution, les négligents solderont, l'année prochaine, un total d'impositions de deux années. Personne même, lors des premières convocations, ne se présente à l'adjudication du « *bail au rabais de la contribution foncière.* » Finalement comparaissent quelques enchérisseurs, parmi lesquels Jean-Claude Laloge, greffier de la commune qui, après avoir demandé 8 deniers par livre pour en faire la recette, consent, en fin d'enchères, à la percevoir gratuitement.

La communauté souffre de ce dénûment qui menace de durer ; les chemins sont dans un état déplorable n'ayant pu, faute de fonds, être régulièrement entretenus. Benoît Cochet, maire, se plaint en janvier 1792 « *d'être obligé de consentir des avances considérables pour la communauté ainsi que d'entreprendre, à ses frais, plusieurs voyages à La Tour du Pin pour les biens nationaux.* » De guerre lasse, la liste des dépenses communales est adressée au directoire du district de La Tour-du-Pin et aux administrateurs du département de l'Isère avec prière de lui donner la suite qu'elle comporte.

Les réclamations de ce genre se continueront durant toute la période révolutionnaire ; elles voisinent avec l'annuelle protestation contre le taux élevé des impositions réclamées à la communauté ; ce qui n'empêchera pas la contribution foncière personnelle et mobilière, se montant à 5.400 livres pour l'exercice 1790, d'atteindre 9.035 livres à l'exercice 1793.

En fin d'année 1792, se place un évènement des plus importants dans la vie intérieure de la commune de Villemoirieu. Le 9 décembre, à la réunion des électeurs pour la nomination d'une nouvelle municipalité, les citoyens de Bethenoud « *sont venus en corps de communauté exprimer librement et volontairement leurs vœux de se réunir à la communauté de Villemoirieu pour ne former qu'un corps de commune.* » La réunion, acceptée d'emblée par les citoyens de Villemoirieu, le sera également plus tard par le directoire du district.

C'est à cette même réunion que fut nommé maire, le citoyen François-Raymond Guichard avec qui nous ferons plus ample connaissance dans le chapitre suivant. Le lendemain 10 décembre 1792, le citoyen Delaloy, curé, [1] remet à la municipalité les registres contenant les actes de l'état civil. Toutes les institutions de l'ancien régime communal ont désormais vécu.

---

(1) Le citoyen Delaloy, curé, avait renouvelé le 11 octobre 1792 son serment de fidélité à la constitution civile du clergé.

LA COMMUNE RÉPUBLICAINE

La République est née au lendemain des hideux massacres de Septembre ; les temps approchent de toutes les palinodies, de toutes les injustices, de tous les crimes ; c'est l'heure où les médecins sans clients et les avocats sans cause, habituels suppots des assemblées politiques en décadence ou en folie, aidés de tous les sous-législateurs vomis par les bouges, s'apprêtent à faire régner, la liberté... ou la mort. En fin de cette année 1793 qu'inaugure le meurtre d'un roi, un cabotin sifflé, pourra se venger de ses déboires d'histrion par la stupide mutilation d'une belle et noble ville, cependant qu'un demi-fou s'éjouira à contempler combien le lit de la Loire est bon aux conjoints des « mariages républicains ! » Quels échos les petites communes reçoivent-elles de pareils évènements ? Beaucoup vont traverser la période terroriste sans déplorer aucun drame sanglant, de même qu'en mai 1920, certaines de nos villes ouvrières présentaient la hideuse figure de l'émeute, alors que la campagne environnante continuait son paisible labeur sans imaginer de proches révolutions.

A Villemoirieu, aucun souvenir de meurtre ; seules les cérémonies prescrites par la Convention, et les réquisitions multiples, nées de la guerre civile et de la guerre étrangère, absorberont toute l'activité des officiers municipaux. Les guerres de la Révolution ont donné aux communes, un peu de la physionomie que nous leur avons connue en 1914-1918 : réquisitions incessantes, distributions d'allocations aux familles des militaires, lectures annoncées au son du tambour, de décrets et de communiqués, etc.

L'année 1793 s'ouvre à Villemoirieu par une fête célébrée en mémoire du succès des armées françaises. Au " Te Deum " exécuté à l'issue de la messe, succède une harangue patriotique « *en place de l'hymne des Marseillais que personne dans la commune ne sçavoit chanter.*»

Cette messe sera la dernière célébrée, avant longtemps, dans l'église de Ville. Le curé Delaloy cesse ses fonctions et quitte le pays ; l'église, restant de ce fait sans surveillance, les vases sacrés exposés au vol sont déposés dans la maison de Jean-Baptiste Berger : sage précaution, si l'on songe que déjà « *les troncs de l'église paroissiale de Ville et l'argent qui y était contenu, auquel tous les citoyens ont droit, ont été enlevés publiquement et de force par les citoyens Benoit Cochet et Joseph Lacroix.*»

Il est intéressant, à cette époque où, dans les villes, la haine de la religion catholique commence à sourdre violente, de noter en quels termes la municipalité de Villemoirieu déplore l'absence d'un prêtre, (délibération datée du 17 février 1793) : « *Depuis l'absence de notre curé les citoyens ont souffert tous les désordres qui ont résulté de la privation du ministre des cultes. Les enfants nouveau-nés ont été privés des cérémonies religieuses ; les nouvelles accouchées n'ont pu aller demander grâce à Dieu de leur heureuse délivrance; les mourants ont été privés, dans leur dernier instant, des secours de la religion qui font oublier les terribles passages de l'état de vie à celuy de mort.* »

En attendant la venue d'un nouveau curé, il est décidé que le presbytère sera désormais maison commune. Jusqu'ici les réunions se sont tenues tantôt chez le maire en place, tantôt chez le greffier : mais « *la néces-*

sité de s'assembler souvent en cette période difficile » oblige de s'assurer un local " ad hoc ".

Période difficile en effet : la France envahie fait appel aux volontaires. C'est en mars 1793 que s'ouvre à Villemoirieu le registre destiné à l'inscription de leurs noms. Cinq se sont présentés à la date du quinze mars ; et, comme les communes sont tenues d'armer et d'équiper à leurs frais leurs volontaires, nous allons voir surgir de nouvelles récriminations suscitées par le manque d'argent. Pour du drap à 30 livres l'aune, de la doublure à 2 livres 10 sols l'aune, et 5 chapeaux à 7 livres pièce, les fournisseurs réclament 1.312 livres, et la municipalité n'en peut donner que 790 ; d'où adresse pressante au directoire du district pour le paiement des 522 livres restant en compte : la commune n'a obtenu que quelques jours de délai de la part des fournisseurs.

Les opérations préliminaires à la vente des biens nationaux suscitent également de véhémentes réclamations : dans l'état des terres du domaine de Montiracle, les commissaires du district ont compris des terrains communaux qui ont de tous temps appartenu aux hameaux de Moirieu et de Bethenoud et il faudra de multiples protestations avant que la commune obtienne les rectifications demandées.

Entre temps, l'ère des solennités civiques bat son plein. Le 9 mai 1793, les habitants mâles de Villemoirieu et Bethenoud sont réunis au pied de l'arbre de la liberté pour prêter serment de fidélité à la Convention. A noter que sur 175 habitants présents, 34 seulement ont signé la formule du serment ; le reste a déclaré ne le savoir faire.

Un mois après cette solennité, le Conseil de la commune est appelé à délibérer sur la nécessité d'établir un corps de garde à Moirieu, un à Mallin et un à Bethenoud, composés de quatre hommes chacun *« qui monteront la garde la nuit pour veiller à la sureté des personnes*

et des propriétés sur lesquelles des allarmes se sont ré-
pandu (sic) à l'occasion de quelques personnes inconnues
qui ont commis des vols, exercé des violences envers plu-
sieurs personnes et qui sont soupçonnées d'être des ennemis
de la chose public (sic).

Et les réquisitions d'hommes et de chevaux conti-
nuent, motivées par la guerre aux frontières et le siège
de Lyon. Parfois, le zèle des commissaires dépasse les
besoins de la cause : c'est ainsi que le 23 août 1793,
vingt-deux citoyens de la commune, choisis pour la défense de la frontière du Mont Blanc et dirigés sur Gre-
noble ; à peine arrivés dans cette ville, sont renvoyés au
pays « *le département n'ayant pas besoin! (sic) d'un si*
grand nombre de personnes! »

Le 19 octobre 1793, se déroule à Villemoirieu, une
cérémonie qui va nous permettre de faire connaissance
avec deux notables personnages de la commune. Ce
jour-là, « *le citoyen Guichard, maire, présente à la muni-*
cipalité la croix de Saint-Louis du citoyen Prosper Mont-
levon, qui était entre ses mains, depuis que le citoyen
Montlevon avait eu connaissance par les papiers publics
de l'arrêté qui ordonnait la remise entre les mains des
municipalités de toutes les décorations militaires. » Le prix
de cette décoration sera distribué aux pauvres de la
commune ; la croix restera entre les mains du citoyen
maire jusqu'à nouvel ordre. Le citoyen Montlevon « *a*
cherché inutilement son brevet de la croix de Saint Louis
pour en faire remise, le papier a été égaré avec plusieurs
autres dans le brigandage qui eut lieu chez lui en 1789 »(1).

Et donc, Messire Nicolas-Prosper Joubert de Montlevon, chevalier de l'ordre royal et militaire de Saint

---

(1) On sait qu'à l'annonce de la prise de la Bastille, en maintes campagnes,
les paysans se portèrent à l'assaut de la demeure seigneuriale. C'est à une
opération de ce genre qu'il est fait allusion ici.

Louis, seigneur de Bienassis; rallié au nouveau régime,
est devenu le citoyen Montlevon. Il est permis de croire
que les sollicitations du citoyen maire, François-Raymond Guichard n'ont pas été étrangères à cet acquies-
sement plus ou moins sincère. François Guichard est,
en effet, installé depuis longtemps à Bienassis en qualité
d'ami et de médecin de la famille Montlevon. Messire
de Montlevon a accepté, le 16 avril 1789, le parrainage
de son fils aîné, Nicolas-Prosper Guichard, le futur
ami de Lamartine et qui sera également, 24 ans plus tard,
maire de la commune de Villemoirieu.

Quand le district demandera, par la suite, l'état des
médecins installés dans la commune, nous apprendrons
que « *le citoyen François-Raymond Guichard est âgé d'en-
viron trente ans; on connaît de lui un petit ouvrage
latin* (1) *imprimé à Avignon en 1787 et cité avantageuse-
ment dans les journaux.* »

L'année 1793 se termine « *par le brulement au pied
de l'arbre de la liberté de tous les terriers et titres féodaux.* »
Dans son désir d'effacer tout ce qui rappelle l'ancienne
législation, la Convention détruit ainsi une foule de
documents dont la perte semblera irréparable aux his-
toriens futurs.

---

(1) Le titre de l'ouvrage est transcrit dans le registre ; mais le scribe en a
déformé les mots de telle façon qu'il est difficile de reconstituer le texte
exact, et d'en donner une traduction française.

EN PLEINE TERREUR

Le registre des délibérations de l'année 1794, nous montre que l'enthousiasme révolutionnaire possède en plein l'honnête greffier de Villemoirieu ! Il a dessiné d'une main inhabile, sur la page de garde, les faisceaux traversés par la hache surmontée du bonnet phrygien ; et, désireux de s'affranchir de toute contrainte, il s'est libéré des règles orthographiques : la République est devenue sous sa plume « *une, indivisible, démocratique et impérissable* » (sic).

En haut, comme en bas, la besogne d'affranchissement est rapide ; on a supprimé les rois et les prêtres ; on va tenter d'effacer tout idéal religieux.. La loi est votée qui abolit la publicité des cultes ; et déjà, au dernier mois de la précédente année, les deux églises de Ville et Bethenoud ont été entièrement dépouillées des objets sacrés, par les soins du maire Guichard et de ses co-administrateurs.

Et nous entrevoyons toute la misère de la vie publique, à songer que ces hommes, empressés à exécuter les décrets anti-religieux, sont les mêmes qui, un an à peine auparavant, élevaient, à propos de l'absence d'un prêtre, la protestation que l'on connaît ! Que deviennent les intimes convictions personnelles aux divers échelons du pouvoir ? Ou, peut-être, en présence d'évènements dont la soudaineté et la violence déroutent toutes les prévisions et paralysent toutes les résistances, la muni-

cipalité au pouvoir pense-t-elle qu'il vaut mieux assumer
la tâche que de la voir confiée à des mains plus cyniques
et brutales ?... Hélas ! vainement nous voudrions que le
papier jauni, témoin de cette affolante époque, nous
dise, ou l'angoisse et le doute des âmes, ou leur ivresse
de voir s'écrouler si rapidement, tant de choses si longtemps profondément respectées.

En place des offices abolis, le peuple est invité à se
rassembler tous les décadi pour entendre la lecture des
lois. Depuis le 20 nivose, an II, un agent national est
commis à la surveillance de la commune ; sa présence
excite les timorés, réchauffe les tièdes. Quant aux
"purs" on leur délivre solennellement des certificats de
civisme. Les premiers citoyens ainsi distingués sont :
Joseph Lacroix, Pierre Latreille, Benoît Cochet, et...
Prosper Montlevon. Ce dernier vient d'abandonner en
offrande patriotique sa pension militaire « *c'est pourquoi
dans l'intention qu'il avait de faire cette offrande il ne l'a
point comprise dans la déclaration de ses revenus pour
l'emprunt forcé.* »

Dans le même temps, les réquisitions vont leur
train. La réquisition des grains pour commune affran-
chie (1) donne lieu notamment à plusieurs visites domi-
ciliaires ; les cultivateurs de la commune rechignant à
fournir le stock imposé. Pour la réquisition des métaux,
« *conformément à l'arrêté du district de la Tour-du-Pin
du 15 germinal, nous avons vérifié les métaux provenant
des ci-devants* (sic) *églises de notre commune, consis-
tants* (sic) *en deux cuvettes de cuivre rouge avec leurs
couvercles et trois bénitiers (style fanatique) et une croix
pesant le tout 27 livres, transportés à Crémieu et remis à
la municipalité.* »

Réquisition également d'un tiers des citoyens ma-

---

(1) C'est depuis le 11 octobre 1793, le nom ridicule de la ville de Lyon.

nouvriers pour travailler à la réfection des routes « *sous la conduite d'un citoyen patriote et intelligent.*»

Et voici qu'il nous est donné de contempler dans ses manifestations, l'œuvre religieuse de la Convention. Pénétrés de cette élémentaire vérité que l'on ne détruit bien que ce que l'on remplace, les idéalistes au service de la Révolution s'étaient d'abord préoccupés des cérémonies propres à retenir l'âme des foules aux pieds de la déesse Raison. Mais c'est une vérité également élémentaire, que toute religion doit faire large appel au sentiment et que l'objet d'une foi religieuse doit être placé hors du contrôle des sens. Aussi bien, le culte de la Raison ne pouvait durer ; il était né en ces minutes d'engoûment où la fièvre de détruire et de construire à jet continu fait perdre de vue l'exacte valeur des mots et des choses. Les gens de ma génération ont été témoins d'une de ces idolâtries passagères ; il y a quelque vingt ans, beaucoup de nos éducateurs auraient volontiers brûlé l'encens devant une quelconque image de la Science.

Le petit avocat d'Arras, tout imprégné de l'idéologie de Rousseau, et à peine débarrassé de ses rivaux athées, Danton et Hébert, instaurait le culte de l'Être suprême.

C'est pourquoi à Villemoirieu « *le 20 prairial an II, nous, officiers municipaux et notables, nous sommes transportés dans le temple consacré à l'Être suprême à six heures du matin, avec tout le peuple et la garde nationale assemblés, convoqués dès l'aurore par le son d'un tambour ; lecture y a été faite du rapport fait au nom du comité de Salut Public par Maximilien Robespierre sur les rapports des idées religieuses et morales avec le principe républicain.*» Raymond Guichard, maire, prononce un discours sur l'existence et l'immortalité de l'âme « *auquel le peuple a répondu par ses ellant (sic) vers l'Être suprême.*» la cérémonie se termine par une exhortation à fournir tout le vieux linge disponible pour la confection du papier !

Pour qu'il soit pleinement satisfait au décret réglant tout l'extérieur de la nouvelle religion, le citoyen Lacroix « *est chargé du travail nécessaire pour substituer sur les murs du temple, à ces mots « Temple de la Raison » ceux-ci ordonnés par le décret « Le peuple Français croit à l'existence de l'Être suprème et à l'immortalité de l'âme.»*

Le nouveau culte sombrera dans la chute de son promoteur. Après le 9 thermidor, la déesse Raison reprendra pied un bref instant sur les autels.

Dès après le 9 thermidor également, la commune de Villemoirieu perdra son maire Raymond Guichard. La nécessité d'avoir aux armées tous les médecins mobilisables ne permettra pas le maintien à la mairie du citoyen Guichard. Le conseil général réuni le 20 thermidor à l'occasion de son départ « *lui en a témoigné ses plus vifs regrets.»*

Bientôt les maires ne seront plus nommés par voie d'élection mais par décision du représentant du peuple envoyé dans les départements ; ainsi en décide le décret du 7 vendémiaire an III ; c'est une première entorse aux principes républicains et un acheminement vers les procédés autocratiques du Consulat et de l'Empire.

Jean-Claude Thevenin fils, ouvre la liste des maires désignés par l'autorité supérieure ; il inaugure son règne en présidant le premier pluviose, an III et sur la réquisition de Vincent Cochet agent national « *la fête de l'anniversaire de la juste punition du dernier roy des Français.»* A l'occasion de cette solennité, la municipalité, la garde nationale et les autres habitants de la commune « *se sont rendus au temple de la Raison vers les neuf heures du matin et ont resté assemblés jusqu'à trois heures après-midi ; on a commencé par la lecture du bulletin après on a chanté plusieurs chants patriotiques.»* De neuf heures du matin à trois heures du soir, entendre lire des décrets,

écouter chanter, certainement faux, des chansons patriotiques et prétendre ensuite que l'on a été à la fête, c'est
être un fameux humouriste ou je ne m'y connais pas !.

Presque tous les décadi, dans le temple redevenu
Temple de la Raison, depuis l'effondrement de l'Incor-
ruptible, les habitants sont rassemblés pour subir la
lecture des innombrables lois et décrets de cette époque
mouvementée. A l'issue de la réunion il y a parfois distribution de certificats de civisme. Vers le milieu de l'an
III, Jean-Claude Thevenin, maire et Pierre Latreille,
greffier se voient accorder cette distinction à « l'huna-
nimité » (sic) ; mais il est bien tard pour que l'admiration
de leurs concitoyens réponde à leur naïve fierté ; la foi
révolutionnaire se meurt ; chancelante du régime de
sang de la Convention, le régime de boue du Directoire
va l'achever.

LE CONSULAT ET L'EMPIRE [1]

L'arrivée au pouvoir du premier Consul ne modifie pas profondément, tout d'abord, la physionomie de la commune de Villemoirieu et Bethenoud où la période révolutionnaire a été franchie, nous l'avons vu, sans autre épisode violent que le " brigandage " de 1789 au château de Bienassis.

La loi du 28 pluviose an VIII a donné aux préfets le soin de nommer les maires et les autres officiers municipaux ; mais l'action des municipalités continue à être limitée par le défaut des ressources, les communes n'ayant de revenus que les 5 centimes additionnels à la contribution foncière, personnelle et mobilière. Cette contribution est encore donnée à bail par adjudication, mais elle est désormais régulièrement perçue.

Les lois du 11 ventose et du 22 germinal an III qui interdisent l'usage des cloches et toute espèce de convocation publique pour l'exercice d'un culte, demeurent, théoriquement du moins, en vigueur; mais déja, en l'an VIII, les avis préfectoraux à ce sujet font prévoir l'avènement d'une législation nouvelle.

Parmi les membres du conseil municipal nommés à Villemoirieu en exécution de la loi du 28 pluviose an VIII (20 février 1800) nous trouvons Nicolas Prosper Montlevon. La mort le surprendra deux ans plus tard, le 21 floréal an X à l'âge de 77 ans.

Le recensement de la commune, en cette année 1800,

---

(1) Le registre des délibérations des années 1796 à 1800 manque aux archives de la Mairie de Villemoirieu.

indique une population de 515 habitants, les recensements suivants, et pendant plus d'un demi-siècle, seront en progression constante sur ce chiffre jusqu'au maximum de 620 habitants.

Les réunions du conseil municipal, longtemps encore, se tiendront dans le presbytère de Ville, et lorsque, pour augmenter ses revenus, la commune décide de le louer, elle s'y réserve la jouissance d'une pièce affectée aux délibérations. C'est le 29 germinal, an X que, pour la première fois, la maison curiale et le jardin attenant sont mis en location. Le bail est conçu en ces termes : « *Si par hasard, il arrivait que d'ici à la Saint-Martin, on nomme dans la dite commune un curé ou vicaire, le dit locataire abandonnera les appartements sans indemnité et se contentera du produit du jardin.* »

N'oublions pas, en effet, que ce même germinal an X (8 avril 1802) le Concordat signé entre le pape Pie VII et le premier Consul a pris force de loi. A la grande joie des habitants, la commune de Villemoirieu est classée parmi celles devant être érigées en succursales. Les succursales reçoivent, d'après la loi précitée, un prêtre desservant payé par l'État. Quant aux agglomérations de peu d'importance, non classées parmi les succursales, et désireuses néanmoins de posséder un prêtre à demeure, elles sont desservies par un curé dit " catholique " et dont le traitement est à la charge des fidèles.

La satisfaction des paroissiens de Villemoirieu, à l'annonce de l'érection de leur commune en succursale, va se muer en une profonde et longue déception. Monsieur Roybin, nommé en fin d'année 1802, au siège de la cure de Ville, ne rejoint pas son poste, préférant à la direction des fidèles les fonctions d'enseignement ; et, jusqu'au 11 Août 1850, malgré de nombreuses pétitions les paroissiens devront ou se contenter des services d'un vicaire résidant à Crémieu, ou consentir à assurer, de leurs propres deniers, le salaire d'un prêtre à demeure.

La pacification n'est pas seulement dans le domaine religieux et social ; désireuse d'effacer complètement le souvenir des mauvais jours, la loi du 24 floréal an X accorde une large amnistie aux délits militaires. C'est à la faveur de cette loi, que deux déserteurs de la commune regagnent enfin leurs foyers.

Tout rentre peu à peu dans l'ordre, et certains qui en prenaient par trop à leur aise durant la période révolutionnaire, sont rappelés à l'obéissance du commun règlement. Le citoyen Laloge, ex-greffier, et percepteur de la contribution foncière personnelle et mobilière pour l'année 1792, est sommé de présenter ses comptes à un sévère contrôle ; quant à ceux qui, depuis une douzaine d'années cultivent, sans scrupules, pour leur propre compte, les communaux de Bethenoud, ils cesseront dorénavant de mettre en valeur le bien d'autrui.

Même avertissement aux trop nombreux chasseurs *« dont les campagnes sont couvertes : »* obligation pour eux, tout d'abord, de se munir d'un permis de port d'armes ; puis, la mesure restant inefficace, défense, sous peine de forte amende, de chasser sans l'obtention d'un permis du coût de trente francs.

Hélas ! les campagnes de France ne connaîtront pas longtemps la joie de travailler dans le calme et la sécurité. Les guerres allumées par la Révolution, un moment éteintes, vont bientôt reprendre terribles, interminablement. La commune sera de nouveau écrasée sous le fardeau de multiples réquisitions et des dépenses supplémentaires nécessitées par leur mise en œuvre ; si bien qu'au 14 août 1814 nous verrons le Conseil déclarer : *« avec bien du regret, qu'il est forcé de congédier le garde-champêtre, faute de fonds pour pouvoir le payer.»*

Entre temps, le blocus continental privant la France de sucre de canne, avait contraint nos ingénieurs à travailler sérieusement le projet, depuis longtemps étudié, de l'extraction du sucre de betteraves. A peine les efforts des chercheurs furent-ils couronnés de succès qu'un décret impérial ordonna aussitôt la fixation, dans chaque campagne, d'une certaine étendue de terrain à réserver pour la culture de la betterave sucrière. Mais on ne saurait penser à tout ; si bien que, le 16 mars 1812, la municipalité ayant reçu l'ordre d'augmenter de 200 toises l'étendue de terrain à ensemencer de la précieuse plante, *« chaque habitant a reçu avec enthousiasme le contingent qui lui a été assigné, mais cet enthousiasme a été paralysé par le manque de grains ! »*

Mais ni les prescriptions les plus méticuleuses ni les réquisitions les plus sévères ne peuvent sauver l'Empire de la chute. Comment remplacer les hommes et le matériel follement gaspillés sur tous les champs de bataille de l'Europe ! La brève réapparition des cent jours sera pour rendre aux citoyens actifs des communes, dans un essai de constitution libérale, la nomination des officiers municipaux, telle que la règlementait le décret du 14 décembre 1789 ; mesure bien tardive et que le gouvernement de la Restauration s'empressera d'abroger.

. . . .

Ici prend fin une période intéressante de la modeste histoire de ce modeste coin de France. La vie communale va désormais s'organiser dans le calme, à peine troublée par les courtes révolutions à venir ; et dans l'aisance relative d'un régime pécuniaire élargi. L'histoire de Villemoirieu sera désormais celle des peuples heureux, laquelle paraît-il est sans histoire, et ne vaut point d'être contée.

Et puisse le lecteur qui abordera ces pages, pensant y puiser quelque intérêt, ne pas être trop déçu dans son attente ; mais bien goûter, par instants, dans ces lignes, un peu de la pure joie de connaître plus, pour comprendre plus, et pour aimer plus, ce qui vaut, des hommes et des choses, d'être mieux compris et aimé.

Villemoirieu, le 6 Novembre 1922.

www.ingramcontent.com/pod-product-compliance
Lightning Source LLC
LaVergne TN
LVHW012151170726
843503LV00009B/4117